W0272397

« CE PETIT, C'EST UN **neuf** DUR »

SERGE SIMON

« CE PETIT, C'EST UN neuf DUR »

DICTIONNAIRE ABSURDE DU RUGBY
« LA REVANCHE »

ÉDITIONS
PROLONGATIONS

« Arrête… c'est mes couilles. »

LE GROS DÉDÉ, VI, 3.

Agent

Aller à la mine

Arbitre de touche

Arbitre vidéo

Australie

Agent :

[a-jean] *n.c.m.*

Personne touchée par une grâce altruiste qui, du jour au lendemain, consacre sa vie aux autres. Il est remarquable de noter qu'elle la consacre d'autant plus que les dits « autres » sont pleins d'oseille.

Syn. : *Escroc, Spaggiari, sans armes ni violence, « J'te jure le chèque est parti hier », « À sept dans un studio vous n'aurez pas froid... Et puis c'est toujours mieux que la Georgie... »*

Ex. : *C'était la première fois que le gros Dédé faisait appel à un agent. Ou plutôt qu'un agent s'intéressait au gros Dédé. La finale de la saison passée avait fait du bruit. Il faut dire que Dédé avait désossé un pilier international devant les caméras de télévision. Résultat des courses, une noria de journalistes avait rappliqué. Ils avaient commencé à lui parler comme des marchands de voitures.*

Puis un jour, un homme avec une tête entre l'assureur et la fouine l'avait invité à déjeuner. Et pas chez Léon, sa cantine, mais « Aux quatre canards », le restaurant étoilé de la ville. L'homme à la tête d'assureur avait commencé à lui parler de grands clubs et même d'équipe de France. Il l'avait convaincu qu'une grande carrière s'ouvrait devant lui, que les journalistes de la finale ce n'était que le début, qu'il allait gagner beaucoup d'argent. Pour cela il suffisait qu'il lui fasse confiance. À la troisième bouteille de Pessac-Léognan, des maillots de l'équipe de France plein les yeux, Dédé avait topé dans la main.
« Monsieur le président, pour mon client surnommé le gros Dédé, c'est là que le drame s'est joué. Car « toper dans la main de quelqu'un » dans sa culture scelle un pacte indestructible entre deux personnes normalement constituées. Alors, quand les promesses se sont transformées en vaste fumisterie, quand les grands clubs se sont avérés être deux

formations de Pro D2, quand une sélection en équipe de France est devenue aussi improbable qu'un poulet à quatre cuisses, puis quand un club que mon client ne connaissait même pas a porté plainte contre lui car son agent avait signé un contrat en son nom sans le prévenir, mon client… a vu rouge. C'est vrai, monsieur le président, que sa réaction a peut-être été excessive, mais comprenez que c'est aussi une question de pragmatisme. Mon client voulait être sûr que son agent ne disparaîtrait pas encore une fois, et comme il devait s'absenter, il a opté pour une solution pratique.
C'est ainsi qu'il l'a prié de rester dans son appartement en attendant son retour… Bien sûr, je reconnais qu'il a peut-être pris des précautions excessives en l'attachant nu au frigo. Mais notez bien que c'était pour le mettre à portée de nourriture. Nourriture du chien, c'est vrai… Mais bon, le pitbull aurait été un danger si l'agent de mon client n'avait pas pu partager ses repas avec lui et donc

le nourrir aussi. Mon client a eu la présence d'esprit, malgré son courroux, d'imaginer que trois jours de promiscuité avec un pitbull affamé auraient constitué un moment désagréable. En conclusion, comme je vous l'ai déjà dit, c'était la première fois que mon client voyait un agent. Et comme il le dit lui-même, les agents c'est comme les mauvais champignons : tu te fais baiser une fois, mais pas deux ! C'est pourquoi j'en appelle à votre clémence. »

Aller à la mine

[ah-lé-al-a-mi-neu] *exp.verb.*

Ne pas avoir peur de mettre la tête là où d'autres ne mettraient pas un simple doigt de pied.

Syn. : *Aller au charbon, descendre à la cave, aller chatouiller le monstre des abysses.*

Ex. : *Le gros Dédé adorait aller à la mine. Mais un jour, il est tombé sur un* os. *La candidate était un candidat.*

Arbitre de touche :

[a-re-bî-tre-2-toux-ch'] *n.comp.m.*

Arbitres, au nombre de deux,
se tenant sur les bords du terrain,
en charge de surveiller
les débordements de la balle et
des joueurs.

Syn. : *Indics, balances, collabos.*

Ex. : *Dédé et Maurice avaient tout prévu. Au prochain regroupement près de la ligne de touche, Dédé ferait mine de s'entraver dans les cordes et s'emplafonnerait l'arbitre de touche, tandis que Momo saignerait le 4.*

Arbitre vidéo :

[a-re-bî-tre-vit-dé-haut] *n.comp.m.*

Quatrième arbitre placé dans une cabine vidéo qui peut, grâce à son écran, éclairer l'arbitre de champ sur la validité ou non d'un essai. Fait basculer parfois les matches les plus importants. À ce titre, ce poste mérite une concentration maximale et un sens élevé de la justice. Rien ne peut, ni ne doit, venir perturber le visionnage du match par ce personnage quasi mystique.

Syn. : *L'autre en haut, « Tu dors où quoi ? », « Magne-toi le derjo, tout le monde me regarde ! »*

Ex. : *L'arbitre de champ, avec une tête de dinde entendant les premiers chants de Noël, passa les écouteurs à son assesseur de la touche. À l'autre bout des ondes, la voix de l'arbitre vidéo était claire et nette. Elle disait :*

« Putain que t'es bonne, oui vas-y, je vais envoyer la purée… » Les deux arbitres se regardaient inertes. Les trente joueurs attendaient eux aussi, ainsi que les quatre millions de téléspectateurs. L'arbitre accorda l'essai sur les dernières paroles de l'autre en haut : « Oh oui, c'est bon… C'est foutument bon », se disant qu'en cas de litige tout pourrait laisser penser que ces paroles, enregistrées, lui étaient destinées…

Australie :
[O-stra-lit] *n.p.*

Pays dont les joueurs incarnent merveilleusement bien les valeurs du rugby.

Syn. : *Les mecs d'en dessous, les prisonniers de Sa Majesté, ceux qui détestent les Anglais encore plus que nous.*

Ex. : *Les Australiens sont fidèles à leur emblème, le kangourou, qui pourrait d'ailleurs convenir aux joueurs du monde entier : ils se battent pour un rien et se servent énormément de leur queue.*

Bachelot Roselyne

Bagarre générale

Banquet d'après-match

Beauxis Lionel

Betsen Serge

Blanco Serge

Bonnaire Julien

Bouffer une oreille

Bruno Sébastien

Bachelot Roselyne :

[bâ-cheu-leau-rô-ze-li-ne] *n.p.*

Ministre des Sports qui trouve le rugby ni rasoir, ni barbant.

Syn. : *Belle et Sébastien, la Panthère rose, « C'est à vous tous ces gros muscles ? »*

Ex. :

– *Tu savais que Roselyne Bachelot avait une chambre à Marcoussis ?*

– *Non ?*

– *Si, pour être près de Sébastien Chabal.*

– *Tu déconnes ?*

– *Bien sûr, que je déconne !...*

– *Putain... J'ai failli marcher.*

– *T'as raison, ça c'est joué à un cheveu !*

– *T'es con...*

– *Avoue qu'elle est au poil en tant que ministre !*

– ...

Bagarre générale :

[bâ-gua-rr-G-nez-râle] *n.comp.f.*

Moment de communion spirituelle entre joueurs de rugby qui, faisant voler en éclat le carcan réglementaire, se libèrent des lois des hommes et ne pensent plus qu'à démontrer leur amour pour tous les prochains qui passent dans un rayon de deux mètres.

Syn. : *Woodstock, la salade, Alléluia mes frères, « T'en veux, y'en a », « Putain ç'que ça fait plaisir de se retrouver », « Tiens t'habites ici toi maintenant ? », « Pas les couilles ! »*

Ex. : *Pour le gros Dédé, les bagarres générales ressemblaient à ces grands rassemblements messianiques où des gens venaient des quatre coins du monde partager une même vision. Il disait que dans ces moments-là, tout peut arriver. Il racontait même qu'un jour, dans une bagarre mémorable de troisième division, un type avait retrouvé son père...*

Banquet d'après-match :

[ben-quai-da-prê-ma-tsh'] *n.comp.m.*

Vieille tradition britannique qui impose, après les matches internationaux, un repas très sélect durant lequel toutes les valeurs du rugby sont cultivées.

Syn. : *Le banquet, la banquise, « Qui paye la location du smoking ? »*

Ex. : *Dans les vestiaires, un vent de panique soufflait. La nouvelle venait de tomber dans toute sa dureté : exceptionnellement, les femmes étaient invitées au banquet.*

Beauxis Lionel :
[Bô-re-du-re] *exp.*

10 de der.

Syn. : *J'attends.*

Ex. : « *Dimanche, j'suis tombé sur le Beauxis... J'en ai encore mal au cul !* »

(adversaire anonyme de Lionel).

Betsen Serge :
[bête-de-scène-cè-rrr-je] *n.p.*

Troisième ligne qui divise le monde en deux... Surtout si t'as un numéro dix dans le dos.

Syn. : *Le sécateur, le pressoir,* « *Aïe ! Ça va faire mal* ».

Ex. : « *Quand Betsen te fonce dessus, tu ne vois pas ta vie défiler en quelques secondes, mais tu te demandes pourquoi t'as pas signé à Biarritz.* »

(demi d'ouverture anonyme, début 21e siècle).

Blanco Serge :

[blen-khô-çèr-jeu] *n.p.*

Joueur métis ayant eu le génie de mettre fin à l'amateurisme en créant la Ligue nationale de rugby professionnel.

Syn. : *Le Pelé du rugby, l'empêcheur de Lapasset en rond.*

Ex. :

– *Quand même, Serge Blanco c'est un monument sémantique !*

– *… !??*

– *Ben oui, quand tu crées la Ligue nationale de rugby, cela a deux incidences…*

– *J't'écoute…*

– *Primo, ça met fin à l'amateurisme marron ; deuzio, ça empêche d'être payé au noir…*

– *Et alors…*

– *Quand tu es métis et que tu t'appelles Blanco, c'est chouette non ?*

Bonnaire Julien :

[bonne-hair-jûs-lien] *n.p.*

Troisième ligne IN-TLAI-TA-BLE…

Syn. : *Le taboulet.*

Ex. : *« Avec Julien, faut manier la carotte et le Martinet ! »*

(entraîneur de Bourgoin anonyme).

Bouffer une oreille :

[boû-fé-u-no-raie-ye] exp.verb.

Mythe entretenu par les gens qui n'aiment pas notre sport et qui laisserait à penser que les joueurs de rugby sont anthropophages. Cette sale rumeur a fait l'objet de nombreuses expéditions scientifiques malsaines qui sont toutes revenues bredouilles, faute de preuves

Syn. : *La tête de veau sauce gribiche.*

Ex. : *Quand on allait là-bas, fallait s'attendre à une pluie de phalanges de la première à la dernière minute du match. Je ne sais pas quoi, quelque chose dans le climat rendait tout le monde nerveux. Ceci dit, cela ne nous dérangeait pas. Au contraire même, c'était devenu une jolie habitude, presque un pèlerinage. Ce n'est pas tous les dimanches qu'on pouvait s'amuser. En revanche, il y avait un truc qui nous gênait : l'un des pilars, boucher de son état la semaine, avait la sale habitude, quand ça pleuvait fort, de bouffer la première oreille qui lui passait à portée de ratiches, un tic professionnel sans doute. Le problème, c'est qu'on n'avait jamais pu le choper, car ce con avalait les morceaux. Un jour, on l'a bien baisé. Notre capitaine, qui n'était pas la moitié d'un con, nous obligea à nous frotter les oreilles avec des piments qu'un pote lui avait ramenés des Antilles. T'aurais vu ça ! Le type crachait du feu !*

Bruno Sébastien :

[bru-nô-cé-bâ-ç-ti-1] *n.p.*

Talonneur qui a fini par se faire deux prénoms.

Syn. : *Vous voulez une chambre à deux lits ?*

Ex. : *Sébastien Bruno est sur un bateau, Sébastien tombe à l'eau… Y'a plus personne.*

Canada

Chabal Sébastien

Clerc Vincent

Commission de discipline

Conférence de presse

Coup de genou

Coupe du monde

Canada :

[kâ-nâ-dha] *n.p.*

Équipe de rugby qu'il ne fait pas bon avoir sur l'érable.

Syn. : *Les bûcherons, les types à carreau, les grizzlys.*

Ex. :

– Il parait que l'entraîneur du Canada a trouvé un truc infaillible pour motiver les gars avant les matches.

– C'est quoi ?

– Ben, c'est comme nous avec Guy Môquet… Mais c'est Céline Dion !

– Il leur passe un CD avant dans les vestiaires ?

– Non, il le leur passe après s'ils paument !

Chabal Sébastien :
[chat-balle-cé-bâ-ç-ti-1] *n.p.*

Joueur assommant mais
pas ennuyeux.

Syn. : *L'assommoir, Zola, Lucie, « Vas-y-toi », « Cédez le passage », Hannibal.*

Ex. :

– *Y paraît que Chabal, il bouffe cinq kilos de viande crue par jour !*
– *T'en n'as pas marre de raconter des conneries ?*
– *Si j'te jure ; c'est un pote qui connaît la femme de ménage d'un mec qui est voisin d'avec le mécano de son boucher qui me l'a dit !*
– *T'es sûr que c'est pas cinq gosses vivants plutôt ?*
– *T'as peut-être raison... Attends, j'appelle !*
– *Tu sais quoi ?*
– *Non ?*
– *C'est mieux pour toi !...*
– *...*

Clerc Vincent :

[claire-20-sans] *n.p.*

Clerc connu qui ne chante
ni ne joue comme une chèvre.

Syn. : *Le Frenchie de Croke Park, dix-neuf quatre-vingt-dix-neuf Clerc, vingt et un cent un Clerc.*

Ex. : *Julien et Vincent sont sur un bateau, Vincent chante et Julien le fout à l'eau !*

Commission de discipline :

[kô-mi-çion-2-10-çi-pli-neu] *n.comp.f.*

Endroit mystérieux où les plus grands esprits du rugby rendent leur jugement sur les différences exégétiques des textes sacrés.

Syn. : *L'Opus Dei, les Templiers, « Va comprendre, Charles ».*

Ex. : *La question qui se posait ce jour à la Commission de discipline était la suivante :*
Était-ce délibérément qu'André Moufard, dit le Gros Dédé, avait dévoré une partie de l'oreille de René Chanveau, dit Néné le Borgne ?
Ou bien était-ce, comme l'expliquaient le Gros Dédé et son entourage, un malheureux concours de circonstances qui avait mis brutalement en contact la bouche du Gros Dédé avec le lobe auriculaire de René, qui se détacha mystérieusement du reste de l'oreille et se retrouva tout aussi mystérieusement sous sa langue ?

Après avoir entendu tout le monde, la Commission de discipline, devant la bonne foi de tous et les douze caisses de Château Pétrus amenées par le président du Gros Dédé, opta dans son immense sagesse pour la seconde solution. René le Borgne ne demanda qu'une seule chose pour ne pas faire appel (pratique peu répandue dans ce genre de cercle, mais dont la Commission de discipline se sentait de moins en moins à l'abri, avatars de la modernité obligent) : que le Gros Dédé donne sa parole de ne pas manquer le car. Comprenez qu'il viendrait jouer le match retour à la maison…

Conférence de presse :

[kon-fê-ran-sse-deux-prè-ce] *n.comp.f.*

Effet de la modernisation du rugby. Une vraie plus-value pour l'information et les journalistes.

Syn. : *La conf, « Toi qui ne veux rien savoir, sois le bienvenu », le robinet d'eau tiède, la sieste, « T'as vu ma nouvelle veste ? »*

Ex. 1 : *Maurice l'avait mauvaise avec ses quinze ans d'équipe de France dans les stylos. Le nouvel attaché de presse avait imposé les « conférences de presse ». Plus question de voir les joueurs en direct, professionnalisme oblige. À la première, il s'était levé et avait demandé devant toute la presse anglaise si ce que lui avait dit le pilier gauche de l'équipe de France, la veille, alors qu'ils se faisaient sucer ensemble dans un bouge à matelots, était vrai. À savoir qu'il serait interdit dorénavant aux joueurs de ramener des gonzesses à l'hôtel… Professionnalisme oblige…*

Ex. 2 : *Maurice avait quinze ans d'équipe de France dans les stylos. En s'asseyant sur les chaises en plastique froid de la conférence de presse, et en voyant que le jeune qu'on lui avait collé mouillait dans sa culotte pour sa première conf' de l'équipe de France, il se pencha et d'un ton péniblement bienveillant glissa : « Tu sais petit, je ne veux pas te la ramollir, mais la conférence de presse est au journalisme ce que la conserve est à la gastronomie. Ça dépanne bien, mais c'est tout. »*

Coup de genou :

[kou-2-je-nou] *n.comp.m.*

Geste éminemment technique qui nécessite précision, coordination et spiritualité.

Syn. : *Génuflexion.*

Ex. : *L'impétrant au coup de genou doit s'assurer que l'arbitre de champ vaque à quelque autre occupation et que celui de touche est masqué. Il doit aussi penser, modernité oblige, à ne pas être dans l'axe d'une caméra de télévision. Car, comme tout signe religieux, la génuflexion n'est condamnable que si elle est ostentatoire.*

Coupe du monde :

[kou-peu-du-mon-2] *) n.comp.f.*

Compétition incroyable regroupant les vingt meilleures nations du monde et organisée pour que la France batte les All Blacks de temps en temps

Syn. : *Le Trou Noir ou Hole Black.*

Ex. : *Fuck ! The shiting french again !**

* Nous sommes ravis de rencontrer l'équipe de France ! (capitaine des All Blacks avant tous les matches de Coupe du monde opposant les deux équipes).

Délégué de match

de Villiers Peter

Discours du président

Dominici Christophe

Dusautoir Thierry

d

Délégué de match

[dé-les-guai-de-math-ch'] *n.comp.m.*

Officiel de la fédé assis dans les tribunes pour relever des faits condamnables pouvant échapper aux arbitres de terrain. Devant la difficulté de la tâche, sont nommés à ce poste les dirigeants résistants à tout, y compris au traditionnel repas d'avant match.

Syn. : *Le 5e homme,*
« Laisse le dormir, on viendra le chercher après le match. »

Ex. : *Lorsque le président vit Dédé armer son coup de pompe, il décida de distraire le délégué fédéral qui cuvait, sur sa droite, le repas d'avant match. Pour cela, il lui renversa son demi sur le complet-veston Armand Thierry de la fédé, tout en accusant sa femme de la maladresse, elle qui dormait tranquillement. Même bourrés, les délégués ont la vue perçante, ça fait partie de leur formation.*

de Villiers Peter :

[2-vi-li-é-pî-t-eur] *n.p.*

Le fils de Jean-Pierre Garuet
et de Nelson Mandela.

Syn. : *le bus.*

Ex. :

– *De Villiers est marié et bon père de famille ?*

– *Ouais... très bon !*

– *C'est dommage !...*

– *Quoi ?*

– *Je dis que c'est dommage !...*

– *J'sens l'énorme couille...*

– *Non, mais j'me dis que si Peter était célibataire et obsédé par les infirmières, il aurait un surnom tout trouvé...*

– *Vas-y accouche.*

– *La Crique à nurses....*

– *J'me casse...*

Discours du président :

[10-cou-r'-dhu-pré-zi-dans'] n.c.m.

Moment très attendu par tous les joueurs avant le match pour se détendre un peu. Notons qu'il est autant attendu par les joueurs que redouté par les entraîneurs.

Syn. : *Le sketch, la pause, l'interlude.*

Ex. : *Le président était très tendu avant le match. Faut dire que la situation n'était pas brillante. Derniers du classement avec une seule victoire en cinq journées, on était loin des ambitions affichées à la soirée des partenaires en début de saison. Ce jour-là, si on paumait, autant commencer à regarder les petites annonces du Midol pour l'an prochain. Le président est arrivé dans le vestiaire, comme à l'accoutumée, à cinq minutes du coup d'envoi, au paroxysme de la motivation... Déjà, en le voyant franchir la porte en tenant sa petite-fille de 7 ans par la main, l'entraîneur baissa la tête et souffla dans sa moustache. Puis, il nous interrompit pour écouter le discours du président... Celui-ci choisit une thématique unique, simple et accessible au plus grand nombre. Pour éviter les erreurs d'interprétation, il se contenta d'une construction grammaticale réduite à son essence et n'utilisa que peu de vocables. Cela donna : « Alors, aujourd'hui les gars, une seule consigne : des couilles, des couilles, des couilles, des couilles, des couilles, des couilles, des couilles... des couilles... et des couilles... et... des couilles... » L'entraîneur s'enfonça un peu plus dans sa veste de survêtement bleu marine. Il ne voulait pas voir nos rires étouffés et nos regards humides... Mais le président ne s'arrêta pas là... Se rendant compte qu'au bout de sa main, sa petite-fille pouvait avoir été quelque peu surprise par le vocabulaire de Papy, il se reprit. Après un long instant de flottement, il se retourna vers nous, cherchant ses appuis, et asséna d'une voix hésitante : « Et pour ma petite-fille, il faut gagner ce match dans l'esprit ! »*

Dominici Christophe :
[do-mi-ni-si-kri-çeu-tô-f'] n.p.

Ailier d'exception qui, un jour de 1999, broya du Tout-Noir.

Syn. : *La petite peste, beep-beep, l'homme-trombe, I will survive.*

Ex. : « *Dominici... It's toute une affaire !* »

(proverbe néo-zélandais).

Dusautoir Thierry :
[dû sceau-toî-r'-ti-R-rit] *n.p.*

Le joueur qui est resté le moins longtemps caché sur la liste éponyme.

Syn. : *Le retardataire.*

Ex. : *« C'est au pied Dusautoir qu'on voit la solution ! »*

(Proverbe halawi,
à Laporte ou à la con...
je ne sais plus).

Ellisalde Jean-Baptiste

Entraîneur adjoint

Entrée en mêlée

Ellisalde Jean-Baptiste :

[elle-lit-sale-2-gens-bâ-ti-çeu-teu] *n.p.*

Fils de La Rochelle, qui ne se dit pas vierge.

Syn. : *Fils, petit-fils, arrière petit-fils.*

Ex. : *Si l'on dit que le rugby est une grande famille, chez les Elissalde la famille a une glande rugby.*

Entraîneur adjoint :

[an-trait-neu-r'-ad-jou-hein] *n.comp.m.*

Meilleur pote de l'entraîneur.

Syn. : *Iznogood, « J'ai pensé démissionner par solidarité, mais je me suis dis que je n'avais pas le droit de faire ça aux joueurs… Tu comprends ? »*

Ex. : *Le boulot d'entraîneur adjoint est l'un des plus durs au monde. L'équation est complexe. Comment faire pour que l'équipe paume afin que l'entraîneur principal soit viré, tout en démontrant des qualités suffisamment ostentatoires pour être, le jour venu, la solution de remplacement toute trouvée ? L'entraîneur adjoint idéal est une torpille-radeau de survie !*

Entrée en mêlée :

[han-tré-han-mais-lé] *n.comp.f.*

Moment particulier de la vie d'un homme, qui lui fait atteindre les niveaux supérieurs de la conscience

Syn. : *Clong, la descente, le vertige, la porte du paradis, « On y est », « Putain, que c'est bon ».*

Ex. : *On entre en mêlée comme on entre dans les ordres… Plus rien ne compte, et puis là, au moins, on sait qu'elles ne viendront pas nous casser les noix.*

Féria

France-Argentine

f
f

Féria :

[fê-ri-hâ] *n.f.*

Concept génial qui permet de faire une troisième mi-temps sans avoir à s'enfiler les deux premières.

Syn. : *La cure, les thermes, la Bourboule.*

Ex. : *À Bayonne, il y a deux dangers : croiser un taureau ou un rugbyman en colère.*

France-Argentine :

[fren-s'-arh-jen-tî-ne] *n.p.comp.*

Match de rugby que l'équipe de France ne doit jamais perdre, mais que, grâce à une méthode tenue secrète, elle perd tout le temps. À ne pas manquer ! Pour plus de plaisir, ne pas hésiter à foutre ce match en ouverture d'une Coupe du monde à

la maison, ainsi qu'en match
de clôture. Inénarrable !

Syn. : « *Aucun risque monsieur*
le président », *le carnaval de Buenos*
Aires, Chez Pichot,
« *J'vous raccompagne pas ?* »

Ex. :
– *C'est fou cette histoire*
de France-Argentine...
– *Pourquoi ?*
– *Ça nous fout en l'air la Coupe*
du monde.
– *Sûr !*
– *Alors qu'on joue dix fois contre*
l'Argentine, on gagne neuf fois !
– *?...*
– *Non, j'déconne...*

Grand Chelem

Grand Chelem :

[gren-chlê-M] *n.comp.m.*

Trophée obtenu par l'équipe nationale qui, lors du Tournoi des VI nations, bat ses cinq adversaires. Notez que c'est une rareté que seuls des êtres supérieurs parviennent à conquérir.

Syn. : *Grand Slam, le Graal, « Putain, j'y crois pas », « On leur a bien mis à ces rosbeefs ».*

Ex. : *Le Grand Chelem est au rugby ce que la truffe est au champignon : un trésor que des cochons d'exception soulèvent parfois.*

Haka

Harinordoquy Imanol

Heymans Cédric

Hors-jeu

Hymne

Haka :

[â-k] *n.c.m.*

Truc de dingues d'avant match où des types tout noirs, que tu connais ni des lèvres ni des dents, viennent te tirer la langue sous le nez et te souffler dans les poils leur haleine de poney en hurlant des trucs incompréhensibles.

Syn. : *Le bolchoï, la danse de la pluie, même pas peur, « T'oserais le répéter ? »*

Ex. :

– *Moi j'ai la parade contre le Haka !*
– *Ah ouais… C'est quoi ?*
– *Un truc imparable qui a déjà terrassé l'une des meilleures équipes du monde : un « contre Haka. »*
– *Ah ouais, un truc qui a déjà été utilisé par une autre équipe ?*
– *Parfaitement Monsieur !*
– *Putain, mais c'est quoi ; j'en ai jamais entendu parler…*
– *Pourtant, ça a fait du bruit…*

– Tu m'intrigues…
Un truc fait avant un match et qui a paralysé une équipe…
– Yes…
– Je donne ma langue au chat…
Alors, qu'est ce qui faut faire comme contre Haka ?
– Il faut leur lire la lettre de Guy Môquet !
– C'est moche de te moquer.
– De me quoi ?

Harinordoquy Imanol :
[a-rit-nord-dos-qui-y-mâ-nolle] *n.p.*

Insaisissable troisième-ligne dont il ne faut pas lâcher les basques.

Syn. : *Basque vombrissant, au nom de tous les siens.*

Ex. : *Imanol Harinordoquy ?…*

Heymans Cédric :
[et-man-ceu-cè-2-rik] *n.p.*

Ailier de cinéma.

Syn. : *Harcourt, le cadreur.*

Ex. : *Avec sa gueule, sa vitesse et ses crochets, Heymans, c'est le Festival de Cannes.*

Hors-jeu :

[or-je] n.c.m.

Preuve matérielle que l'univers est régi par des lois complexes que l'homme n'est pas près de comprendre.

Syn. : *Être au-delà du ballon, être devant les derniers pieds du dernier joueur du regroupement (cette forme de hors-jeu ne peut donc s'appliquer que si ledit joueur à aussi des « premiers pieds », ce qui le situe dans la très rare catégorie des joueurs possédant au moins quatre jambes), suivre anormalement la progression normale du ballon sous la mêlée (ne s'applique pas aux spectateurs), entrer dans un regroupement par un angle supérieur ou égal à 45° en prenant la médiane tangentielle qui traverse le terrain et les cuisses de ma belle-sœur, se tromper d'étage, avancer dans un regroupement sans se rendre compte que l'on vient de dépasser la zone séparant la partie du regroupement autorisée et celle non autorisée elles-mêmes définies par une ligne imaginaire passant par le centre de la triangulation construite fortuitement par le joueur porteur du ballon, le joueur qui lui met les doigts dans les yeux et le ballon lui-même qui souvent est sorti depuis 10 minutes…*

Ex. : *Marcel, qui tirait ses dernières cartouches professionnelles comme on vide un frigo avant de le nettoyer, tombait dans le mystique. Il disait à qui voulait l'entendre que le hors-jeu était au rugby ce que l'Immaculée Conception était au christianisme : un fondement que l'homme devait accepter tel quel.*

Hymne :

[i-me-neu] *n.m.*

Moment particulièrement émouvant où les deux équipes, alignées juste avant le match, entonnent leur chant national pour ceux qui le connaissent. Le plus grand respect est de mise, de la part des joueurs bien sûr, mais aussi évidemment de tout le public.

Syn. : « *Putain, j'ai encore oublié les paroles !* »

Ex. : *D'habitude, l'équipe tournait le dos à la fanfare qui exécutait les hymnes. Là, le protocole avait placé les joueurs à quelques mètres des musiciens, face à face. Il s'agissait des pompiers de Paris. Le God Save the Queen s'était plutôt bien passé… hormis un léger décalage sur un tambour qui était arrivé un peu à la bourre en fin de couplet. Le gros Dédé, accordéoniste de père en fils, avait relevé ce petit flottement.*

Son regard s'était alors concentré sur ce troisième tambour. Son interprétation syncopée de la Marseillaise ne laissait planer aucun doute : il était plein comme un œuf ! Le gros Dédé, conscient de la gravité de la situation, serra les fesses. À cet instant les 50 000 spectateurs du Parc des Princes ne s'étaient peut-être pas rendus compte des risques qui pesaient sur eux.
Et ce qui devait arriver arriva.
Sur « …égorger nos filles et nos compagnes », le percussionniste aviné s'assoupit. Ce n'était que la première partie de la mécanique infernale.
S'en suivit inéluctablement le « …Aux armes, citoyens ! » hurlé par le stade dans son entier.
Le malheureux se réveilla si brusquement qu'il partit en arrière sur l'hélicon qui, lui, était pourtant bien en rythme. La chute fut inévitable. Par un effet boule de neige, tous les membres de l'orchestre furent emportés par la tourmente, provoquant un chaos et une

cacophonie sans nom. L'hymne se poursuivit a capella, dans une dignité remarquable. Seul coup dur, le capitaine des Anglais, un flanker aux yeux d'oiseau, vint serrer la main du capitaine de l'équipe de France. Prenant son meilleur français pour être sûr d'être compris, il déclara : « Désolé pour la Marseillaise, cela aurait pu arriver chez nous aussi… Enfin, peut-être. »

Ibanez Raphaël

Îles Fidji

Îles Samoa

Ibanez Raphaël :
[y-bâ-nièce-râ-fâ-elle] *n.p.*

Courageux talonneur républicain espagnol.

Syn. : *Le pêcheur.*

Ex. : *Ibanez, il y va franco en général.*

Îles Fidji :
[Y-leu-fille-2-gi] *n.p.*

Pays dont les joueurs sont tellement admirés pour leur virtuosité balle en mains que même que ça casse les couilles à force.

Syn. : *Les magiciens, les funambules, « Ils ont huit bras ou quoi ? »*

Ex. : *Le coach était clair. Les joueurs des Fidji, si tu leur laisses de l'espace, c'est comme les poules : tu as toujours l'impression que tu vas les attraper, mais, au dernier moment, elles t'échappent. Une seule solution : les coincer à plusieurs contre le grillage.*

Îles Samoa :

[Y-leu-sa-meau-ha] *n.p.*

Pays dont les joueurs ont un seul plaisir : découper les mecs d'en face à grands coups de plaquages.

Syn. : *Les équarrisseurs, les sécateurs, les découpeurs, les nettoyeurs.*

Ex. : *Ce Samoan affable m'expliqua au bout du vingtième whisky-coca que son meilleur souvenir de rugby était un plaquage sur un pilier anglais qui, sous le choc, avait avalé son protège-dents. Ce qui l'amusait dans cette pensée n'était pas la douleur ressentie par le sujet de sa Majesté lors du plaquage, mais celle qu'il avait eue 24 heures après sur les toilettes.*

Japon

Jauzion Yannick

Joug

Japon :

[Jâ-pond] *n.p.*

Pays où évoluent des joueurs à rayures et allergisants

Syn. : *Frelons, guêpes, Japs, l'Empire du soleil des mecs de devant.*

Ex. : *Cette tournée au Japon était une mauvaise idée depuis le départ. La catastrophe arriva en fin de première mi-temps. Au bout de trente-cinq minutes, durant lesquelles notre deuxième ligne, le grand Néné, s'était pris des Japs lancés comme des guêpes dans les endosses, celui-ci disjoncta. Sur un renvoi, il prit le ballon et une nouvelle rangée de frelons. Tout à coup, il se mit à faire des grands gestes comme King Kong en haut de la tour. Il en explosa quatre ou cinq. L'ambassadeur nous ramena à l'aéroport juste après la douche.*

Jauzion Yannick :

[jô-zion-y'a-nique] *n.p.*

Centre du système.

Syn. : *Le grand qui passe au milieu.*

Ex. : *Comme on dit, en charentais : « Jauzion et je réussissions. »*

Joug :

[j'oû-g'] *n.m.*

Prothèse thérapeutique
pour avants dépressifs.

Syn. : *Le tracteur, la chose, le vibro, le truc en fer dans la boue de l'autre côté du stade.*

Ex. : *S'il y a un truc qui faisait bien marrer le gros Dédé, c'était les mines réjouies de la bleusaille revenant du joug. Les jeunes pousses, qui avaient fait eau dans une mer pourtant peu formée le dimanche d'avant, revenaient de là avec une deuxième paire de couilles. Dédé ne comprenait pas à quoi servait cette prothèse de mêlée, et surtout que l'on prenne son pied sur un truc inerte qui ne pourra jamais faire reculer même un flamant rose. À chaque fois, il les écoutait sans en avoir l'air et leur assénait, métallique : « C'est bien les gars, vous vous êtes envoyés votre poupée gonflable…*

C'est déjà pas si mal
avec vos têtes de frangipanes
et vos pines d'huîtres ! »

Lapasset Bernard

Laporte Bernard

Lapasset Bernard :

[lâ-po'-rr-teu-bê-reu-na-reu] *n.c.f.*

Douanier détaché aux instances du rugby national et international pour ouvrir les frontières au professionnalisme.

Syn. : *« Tonton pourquoi tu tousses ? », le bonton, le grand à lunettes.*

Ex. : *« Bernard Lapasset est tellement fort que quand tu entres dans son bureau avec une question, tu en ressors en ne sachant plus qu'elle était la question... Et en plus, t'es content. »*

(Coluche, Olympia 1976)

Laporte Bernard :

[lâ-po'-rr-teu-bê-reu-na-reu] *n.p.*

Préparateur physique
de Nicolas Sarkozy.

Syn. : *Casse-peigne, le désailé,*
le Kaiser, Bernie le Dingue, Madrange,
Guy Môquet.

Ex. : *Qu'on le veuille ou non,*
Bernard Laporte,
c'est pas un jambon !

Maillot moulant

Marconnet Sylvain

Martin Rémy

Marty David

Mas Nicolas

Mêlée simulée

Michalak Frédéric

Mignoni Pierre

Milloud Olivier

Môquet Guy

Moscato Vincent

m

Maillot moulant :

[mâ-yo-mou-lent] *n.comp.m.*

Dernier avatar
de la professionnalisation
qui a jeté plus d'un ancien
dans la rue.

Syn. : *Crépinette, paupiette.*

Ex. : *La carrière du gros René se termina bien mal. C'était par une triste journée de janvier, et malgré les conseils de ses proches, il essaya d'enfiler un maillot moulant.*

Marconnet Sylvain :

[mât-re-cau-nez-ci-le-vin] *n.p.*

Pilier plié (répétez cette phrase le plus rapidement possible en courant tout nu dans la neige et en buvant du rhum, puis allez dormir en oubliant la Coupe du monde 2007)

Syn. : *Un de chute,*
« J'suis là, mais j'suis pas là »,
le feuilleton de l'été, le dahut.

Ex. :
– *Quand même, ça devrait être interdit à ces mecs de faire du ski !*
– *Tu parles pour qui ?*
– *Marconnet !*
– *C'est ça, et pourquoi pas leur interdire de prendre leur bagnole, de faire du vélo, de marcher dans la rue, de chier à la turque, de manger avec les doigts, de regarder les films de cul, de se faire sucer debout, de parler la bouche pleine, de reprendre deux fois du dessert, de manger le minou de leur copine,*

de parler aux inconnus, de manger
des bonbons, de jouer à la Playstation
avant d'avoir fait leurs devoirs,
de regarder la télé après 20h30,
de dire des gros mots en faisant
l'amour et même mieux... de lire des
livres sans images !...
– De suite, tu exagères !...
On peut nuancer, non ?
– Et ta connerie, on peut la nuancer ?
– Putain, c'est de l'intolérance !
– Face à la bêtise, OUI !
– C'est du fascisme !
– Fais gaffe à ce que tu dis !
– C'EST DU FASCISME !
– Putain, arrête, j'déconne pas !...
– Tu crois que tu me fais peur ?...
– ...
– Merde, les hymnes ont commencé...
– Mets plus fort...
– Passe-moi les Pépitos s'il te plaît ?
– Un ou deux ?

Martin Rémy :

[ma-reu-t1-raie-mi] *n.p.*

La couleur de Jean-Pierre Rives et la douceur d'Éric Champ.

Syn. : *Le pénible,*
« T'as qu'à lui dire toi-même ».

Ex. : *Les adversaires de Rémy Martin l'aiment bien... Quand ils jouent avec lui en sélection.*

Marty David :

***[mâ-reu-tille-dâ-vie-2]** n.p.*

Ce qui se fait de mieux
à Perpignan.

Syn. : *La crème catalane.*

Ex. :
– *Mathy !...*
– *Mais non, Marty... David Marty.*
– *Oui, mais c'est Mathy...*
Mimi Mathy.
– *Oui, mais moi je te parle de Marty...*
David Marty.
– *Ouais, mais tu me demandes*
s'il a un rapport avec Mimi Marty...
– *Mimi Mathy ou Mimi Marty ?...*
Faudrait savoir....
– *Non, mais c'est pour te resituer*
le truc....
– *Fous-toi de ma gueule en plus....*
– *...T'es énervé ?*
– *Fais pas le malin !...*
– *Le marlin ou le malin ?*
– *...*

Mas Nicolas :

***[masse-ni-cô-la]** n.p.*

Pilier de secours.

Syn. : *« Là j'suis là, mais j'suis pas là », on sait jamais, « Tu veux pas faire une Coupe du monde avec nous ? »*

Ex. : *Nicolas Sarkozy avait donné comme consigne à son gouvernement et à Nicolas Mas de ne pas quitter le territoire pendant les vacances avant la Coupe du monde 2007.*

Mêlée simulée :

[mé-lé-scie-mu-let] *n.comp.f.*

Mêlée qui fait semblant de jouir de toutes ses forces.

Syn. : *Une tourtel, un steack de soja, ouiiiiii je pouuuuusse…*

Ex. : *Le gros Dédé était capable de tout accepter. Les maillots moulants, les calendriers d'oignons à farcir, les ballons qui arrivent sur des chars de Ben-Hur, les pom-pom girls, les voitures électriques qui vous passent entre les guiboles pour les transformations et même la suppression du rouge dans les repas d'avant match. Mais une chose ne passerait jamais : la mêlée simulée ! Et peut-être inconscient de l'incongruité sémantique, il assénait que quand une équipe décidait de simuler, c'était certainement la meilleure façon de t'enculer.*

Michalak Frédéric :

[mi-chat-lac-frais-dé-rique] *n.p.*

Génial demi de couverture.

Syn. : *L'icône.*

Ex. :

– Moi, je trouve que Fred est parfois touché par la grâce sur le terrain.

– Ouais c'est vrai.

– Dans ces moments-là, il peut nous faire un très grand récital.

– M'ouais…

– Dans ces moments-là, c'est comme dans un grand opéra…

– … ! ?

– Dans ces moments-là, il est un peu comme un danseur étoile…

– Tu m'inquiètes…

– Dans ces moments-là, c'est un peu le Michalak des signes…

– Et toi, c'est plutôt Casse-Noisettes ! Et quand je dis noisette, c'est pour ne pas choquer les mélomanes !

Mignoni Pierre :

[mi-gni-eau-ni-pi-air] n.p.

Demi de mêlée étalon.

Syn. : *La fouine, la belette.*

Ex. : *Attention, faut pas se tromper, sous ses airs sympas, si on brise la coquille, ce petit, c'est un neuf dur.*

Milloud Olivier :

[mi-loup-eau-lit-viet] *n.p.*

Pilier des montagnes.

Syn. : *Le taiseux.*

Ex. : *Milloud est l'illustration de l'adage :*
« Qui ne dit mot, concasse. »

Môquet Guy :

[mô-kè-ghui] *n.p.*

Inventeur de la préparation mentale d'avant match.

Syn. : *Kleenex, Prozac,*
« Si ça pique les yeux c'est normal »,
« Hé, tu dors ? »

Ex. : *Depuis qu'on a lu la lettre de Guy Môquet avant le match d'ouverture, le gros Dédé n'est pas sorti des vestiaires. C'était il y a sept ans.*

Moscato Vincent :

[mot-scato-vin-sang] *n.p.*

Preuve irréfutable
qu'il existe d'autres formes de vie
dans l'univers.

Syn. : *Le Rital, Le Gitan,*
El Gato, El Chato, El Rateau,
El Scato, El Pied Bot, El Trop Tôt,
El Tréteau.

Ex. : *Vincent Moscato est à la mêlée française ce que le parmesan est à la pâte italienne, un truc qui sent fort mais dont je ne pourrais jamais plus me passer.*

(Serge Simon, discours à l'ONU, janvier 2008)

Nallet Lionel

Nouvelle-Zélande

Nyanga Yannick

Nallet Lionel :

[n'al-laid-lit-au-n'elle] *n.p.*

Deuxième ligne costaud,
né en Bresse.

Syn. : *Le poulet,*
capitaine mon capitaine.

Ex. :
– Si Bernie le Dingue n'avait pas pris Lionel, il aurait pu dire : « À un moment, faut savoir sans Nallet... »
– Mais que t'es con !...

Nouvelle-Zélande :

[nou-v-elle-zé-landes] *n.p.*

Pays qui domine outrageusement le monde du rugby et qui pousse l'esprit rugby jusqu'à laisser la Coupe du monde à d'autres.

Syn. : *Les favoris, la démo, le produit étalon, le pavillon témoin, le pays du long nuage, noir c'est noir.*

Ex. :

– *Après avoir ingurgité vingt demis, le gros Dédé se choisissait une victime, de préférence un jeune du club, et racontait pour la millième fois son unique sélection contre la Nouvelle-Zélande. À chaque fois, il en rajoutait, avec une foule de détails. L'arrivée de la lettre de sélection, son voyage à Paris, la veille du match, la remise des maillots, le discours du capitaine… Puis, il prenait son temps pour décrire un par un les joueurs All Blacks qu'il avait vu arriver de loin, sac à l'épaule, pour se diriger vers les vestiaires. « Déjà en civil, ils étaient terrifiants », disait-il. Il enchaînait avec la préparation d'avant-match, puis le terrible Haka... C'est alors que maman hurlait du fond du bar :*

– Arrête d'emmerder le jeunot, Dédé, tout le monde sait que c'était avec l'équipe de France des cafetiers.
Alors Dédé se levait et répondait invariablement :

– Cafetier ou pas cafetier, un All Black c'est un All Black !
Et maman répondait tout aussi invariablement :

– Cafetier ou pas cafetier, un con c'est un con !

Nyanga Yannick :
[n'y-en-gars-y'a-nique] *n.p.*

Magnifique troisième ligne aile et faon… du Congo, bien sûr !

Syn. : *Le copain de Dimitri, quand Yannick y'a panique.*

Ex. :
– *Tu te rends compte : Nyanga, en verlan, c'est gagnant… C'est fou la destinée des noms !*
– *Ouais, c'est fou… Rappelle-moi ton nom ?*
– *Condu… Pourquoi ?*
– *Pour rien…*

Passer les bras

Pays de Galles

Pelous Fabien

Pénalité

Percussion

Pichot Augustin

Plaquage

Plaquage cathédrale

Poitrenaud Clément

Portugal

Poux Jean-Baptiste

Prendre le trou

Passer les bras :

[pâ-cé-laid-br-a] *exp.verb.*

Geste technique consistant à pénétrer entre deux adversaires, et à passer la balle dans le mouvement et dans leur dos. Attention, « passer la main » (action de mettre sa paluche dans le slip d'un autre individu de sexe opposé si possible) a une toute autre signification et peut vous valoir une bonne baffe dans la gueule. La question est : peut-on passer les bras sans passer la main ? En théorie, non ; en pratique, oui ! Ce sont les mystères de l'anatomie rugbystique.

Syn. : *« Et hop, parti le ballon ! »*, *Magie magie.*

Ex. :
– *C'est quoi la différence entre « passer les bras » et « prendre le trou » ?*
– *Quand tu passes les bras, tu pénètres*

et tu donnes la balle de suite…
Pourquoi ?
– En fait, tu prends le trou mais t'as pas la place d'y entrer ?
– Euh… Si tu veux ; mais pourquoi tu me demandes ça ?
– Si on va plus loin dans l'analyse… Quand tu passes les bras, tu as juste la place pour la balle qui, elle, franchit les adversaires et se transmet dans leur dos…
– Oui, on peut voir ça comme ça… Où veux-tu en venir ?
– Non, c'était juste comme ça…
– Arrête, je te connais trop… Accouche…
– Bon, puisque t'insistes…. En fait, la différence entre « passer les bras » et « prendre le trou », c'est que dans le premier cas tu prends un trou… un petit trou… un trou de balle !…
– …

Pays de Galles :

[Pé-lli-2-gars-l'] *n.p.*

Pays dont les joueurs n'ont pas peur de descendre à la mine. Le poireau à la main, s'il le faut.

Syn. : *Le pays des fils de JPR Williams et de Graham Price, le coup de rouge.*

Ex. : *La rouflaquette est au rugby gallois ce que les cheveux blonds sont au rugby français : le symbole du paradis perdu.*

Pelous Fabien :

[peu-lousse-fa-bi-1] *n.p.*

Deuxième ligne qui a toujours été en première ligne.

Syn. : *Môssieur, le Grand, Son Altesse, vaut mieux l'avoir en photo qu'à table...*

Ex. : *Fabien Pelous, c'est un peu l'Inspecteur Harry du rugby. Pas très bavard, terriblement efficace... et qui revient toujours !*

Pénalité :

[pé-nâ-li-T] *n.f.*

Sanction et moment terrible quand (très souvent) un gros de devant a fait une énorme bourde qui peut faire perdre le match, si le buteur d'en face la réussit. Notons qu'il est strictement interdit de faire le moindre geste ou bruit susceptible de gêner le buteur.

Syn. : *couloir de la mort.*

Ex. : *Au moment même où Dédé entrait dans le regroupement tête en avant avec le tarbouif du huit adverse comme cible, il savait qu'il faisait une connerie. L'arbitre siffla, on était dans les vingt-deux, il restait cinq minutes à jouer et on menait d'un point. Le coup de sifflet de l'arbitre confirma le drame. Pénalité en face des poteaux. L'artilleur adverse se prépara pour la tenter. C'est alors que, dans un geste désespéré, au moment où le buteur suspend le temps et les âmes avant de s'élancer, le gros Dédé se mit à courir vers lui en hurlant. On crut un instant qu'il allait en faire un civet, mais Dédé, dans sa course folle, se contenta de filer un grand shoot dans le ballon sous le nez du buteur effrayé. Le ballon atterrit quelque part dans une grande tribune muette. Puis, dans un épais silence, Dédé se déshabilla complètement, se mit au garde-à-vous et chanta « Montagnes Pyrénées ». On dut se mettre à cinq pour le ramener au vestiaire.*

Percussion :

[paire-cul-scion] *n.f.*

Manière simple et efficace pour les joueurs de rugby un peu timides d'entrer en contact avec leurs congénères. Il n'est pas rare, malgré les espaces libres, de voir des joueurs de rugby refuser l'évitement et percuter un membre de la tribu adverse pour engager le dialogue. En ce sens, les dernières publications scientifiques émettent l'hypothèse que la percussion n'est pas un geste technique pur, mais un outil de socialisation pour cette espèce.

Syn. : *« Laisse, j'y vais », c'est tout droit, « Ferme les yeux, ça va piquer », « C'est là qu'il faut aller ? »*

Ex. : *Les joueurs forts en percussion ne sont pas tous des tambours.*

Pichot Augustin :

[pi-tch-eau-te-a-ô-gou-ce-ti'ne] *n.p.*

Mariage réussi entre
Jacques Fouroux pour le talent,
Luis Fernandez pour la gueule,
Napoléon pour la stratégie
et Ringo pour la coiffure.

Syn. : *Genious, The Brain, le Général, l'Empereur, César (pour les Argentins), La peste et le choléra réunis (pour le reste du monde), le patron des arbitres.*

Ex. : *Pichot et l'équipe de France sont sur un bateau, Guy Môquet veut monter... La Coupe du monde tombe à l'eau.*

Plaquage :

[plât-ka-je] *n.m.*

Au rugby, contrairement
à l'amour, on plaque quelqu'un
pour l'empêcher de partir.

Syn. : *Tampon, caramel, stop, l'arrêt buffet, le terminus, PNC à vos postes.*

Ex. :

– *Je me suis fait plaquer.*
– *Ça peut arriver à tout le monde.*
– *Ouais mais là, c'est sérieux !*
– *T'as paumé le ballon ?*
– *Non… Ma femme.*
– *Tu m'as fait peur !*

Plaquage cathédrale :

[plâ-ka-je-k-té-drâ'l] *n.comp.m.*

Façon de plaquer qui consiste à soulever le joueur adverse, à le retourner et à le planter dans la pelouse la tête la première.

Syn. : *Se faire retourner comme une crêpe, un soleil, faire le tour du cadran, se faire planter comme un poireau.*

Ex. : *Le surnom de Dédé, c'était « le curé ». Non pas parce qu'il aimait les petits garçons, mais parce qu'il avait une façon unique de faire les plaquages cathédrale. Quand il soulevait le malheureux et qu'il le retournait, il prenait une voix grave et disait dans le mouvement : « Ce qui vient de la terre, retourne à la terre. »*

Poitrenaud Clément :

[poids-tr-eu-neaut-clef-mant] *n.p.*

Excellent arrière pour les réveillons.

Syn. : *Foie gras.*

Ex. :
– *T'as vu la pub de Poitrenaud ?*
– *Ouais.*
– *C'est osé, non ?*
– *Pourquoi ?*
– *Montrer un arrière se prendre des tartines et manger aux chandelles… C'est osé !*
– *Wouah !… T'as passé la soirée avec Laurent Ruquier ou quoi ?*

Portugal :

[porc-tue-gâle] *n.p.*

Pays qui Porto les valeurs du rugby.

Syn. : *Les petits loups, les mecs en rouge en face des Blacks, même pas mal.*

Ex. :

– *Tu te rends compte que les Portugais ont failli gagner face aux Blacks…*

– *?!…*

– *Ben ouais, à l'époque, si au lieu de foncer tout droit vers l'Amérique du Sud, ils étaient partis coloniser la Nouvelle-Zélande, ça n'aurait pas du tout été le même match.*

– *N'importe quoi !*

– *Ça s'est joué à rien ce match finalement…. Un vent contraire, des courants trop porteurs, une voile mal bordée…*

– *Faut que t'arrêtes de regarder Thalassa, toi !*

Poux Jean-Baptiste :

[pou-k-ceu-gens-bas-tis-teu] *n.p.*

Très bon pilier dont la sélection n'est pas tirée par les cheveux.

Syn. : *Hiboux, genoux, choux, joujoux, cailloux.*

Ex. : *Poux est une gale pour la mêlée adverse.*

Prendre le trou :

[pran-dreux-leu-t'r-hoû] *exp.verb.*

Action de jeu consistant à pénétrer l'espace qui s'ouvre et s'écarte devant soi.

Syn. : *Jaillir, franchir, s'enfoncer, « T'as vu mon numéro ? »*

Ex. : *On va encore passer pour des obsédés, mais n'empêche : la principale qualité qu'il faut pour prendre le trou, c'est d'avoir un très bon coup de reins... C'est pas de notre faute tout de même...*

Remise des maillots :

[reu-my-ze-dé-ma-yo] *n.comp.f.*

Moment solennel du rituel rugbystique, particulièrement prisé des joueurs en activité, au cours duquel une personnalité pouvant être une ancienne gloire vient remettre les maillots avant la rencontre.
Les jeunes au combat rivalisent de respect et d'admiration pour les anciens.

Syn. : *La cérémonie, la messe, le sacre de Clovis.*

Ex. :
– *Qui c'est le vieux con à côté du coach ?*
– *Ferme ta gueule et souris quand il te donnera ton maillot !*

Rougerie Aurélien :

[roux-je-ris-or-elle-lien] *n.p.*

Grand ailier de Clermont qui met la gomme…

Syn. : *Le type qui fait toujours gagner Michelin aux essais.*

Ex. : *La devise de Rougerie :*
« Qui pneu le plus, pneu le moins. »

Rugby :

[ru-gueu-bille] *n.c.m.*

Process complexe d'activités physiques et spirituelles, inventé par les Anglais au début du 19e siècle et séparant irrévocablement l'homme de l'animal.

Syn. : *Le football rugby, le Saint des Saints, la seule preuve sur terre que Dieu existe.*

Ex. : *Quand il parlait de rugby, le gros Dédé était intarissable. Il pérorait pendant des heures sur les sacro-saintes « valeurs du rugby ». Citant les nombreux exégètes de ce socle de croyance, le gros Dédé égrenait une foultitude de qualités intrinsèques à tout joueur de rugby comme le courage, l'abnégation, l'altruisme, le sens du sacrifice, l'esprit de solidarité, le respect et la dignité. Il expliquait comment ce sport puisait son élégante essence dans la très raffinée Angleterre*

Victorienne du début du 19e siècle, d'où son consubstantiel sens du fairplay. Mais sa plus grande fierté résidait dans son palmarès : en quinze ans de rugby, le gros Dédé avait bouffé une demi-douzaine d'oreilles.

Rugby amateur :

[ru-gueu-bille-a-ma-teu-r'] *expr.m.*

Rugby moyenâgeux, où l'on ne joue que pour l'honneur et le maillot.

Syn. : *La défisc, le temps béni des frais de déplacement.*

Ex. : *À la question des journalistes « Quelle différence existe-t-il entre le rugby professionnel et le rugby amateur ? », le gros Dédé répondait sans réfléchir : « 20 000 balles que je file aux impôts depuis que je suis obligé de déclarer... »*

Rugby à 7 :

[ru-gueu-bille-as-cète] *expr.m.*

Rugby féminin joué
par des hommes.

Syn. : *Non-sens, hérésie, chat perché.*

Ex. : *Dédé disait du rugby à 7 que jouer sans faire de mêlée et sans se mettre des marrons dans la gueule revenait à faire l'amour à une femme par téléphone. Un truc de vicelard.*

Rugby à XIII :

[ru-gueu-bille-a-trè-z'] *expr.m.*

Rugby inventé par des gens peu scrupuleux qui n'ont pas hésité à virer deux joueurs de l'équipe pour se partager leur oseille.

Syn. : *Les autres, ceux qui ont mal tourné, « Faut de tout pour faire un monde ».*

Ex. : *Personne ne lui en voulait d'être passé au XIII. Il avait été licencié après dix ans dans la même boîte et avec l'arrivée du troisième gamin, les fins de mois devenaient impossibles.*

Rugby cassoulet :

[ru-gueu-bille-kâ-ssou-laid] *expr.m.*

Façon de pratiquer le rugby comme des saucisses.

Syn. : *Rugby gigot-haricot.*

Ex. : *Les joueurs du Stade Français étaient arrivés en avion. Pour le gros Dédé, c'était déjà dur à concevoir. Lui ne l'avait jamais pris, même pas pour le décès de Tonton Riri, exilé à la capitale dès l'âge de 20 ans. Alors venir faire un match de rugby en avion, c'était vraiment un truc de… Parigots ! C'était la première fois que le gros Dédé jouait les gars de Paris. La seule chose qu'il en savait, c'était qu'ils montraient leur cul et leur bite dans des calendriers pour tafioles et qu'il y en avait deux ou trois qui savaient jouer de la phalange. La première caractéristique lui échappait complètement, mais il était prêt à l'excuser grâce à la seconde.*

Le match se déroulait plutôt bien, l'équipe du gros Dédé faisait mieux que résister jusqu'à ce que l'un des Parigots lance :

– Vous n'allez pas nous faire chier avec votre rugby cassoulet !

Dédé se figea comme le vieux setter du René devant une bécasse. Il se retourna et identifia l'imprudent. Un rapide dialogue à la haute portée symbolique s'installa :

– C'est toi qui a dit ça ?

– Ouais…

– C'est quoi le rugby cassoulet ?

– Un rugby de saucisses… !

– C'est toujours mieux que le rugby vélo que vous nous faites depuis le début du match !

– C'est quoi le rugby vélo ?

– Un rugby de pédales ! !

Le dialogue s'interrompit au profit d'échanges moins argumentés mais tout aussi créateurs de liens.

Rugby champagne :

[ru-gueu-bille-shen-pa-nieu] *expr.m.*

Façon de pratiquer le rugby comme des gonzesses de bars clubs, qui sont là pour faire boire les pigeons en leur faisant croire que c'est dans la poche, alors qu'elles sont justement en train de les leur faire.

Syn. : *Donner le tournis, j'embrasse pas.*

Ex. : *Leur tactique était simple et on appelait cela le rugby champagne. Pendant le match, ils te faisaient croire que tu allais briller en te laissant tenter des trucs incroyables. Ça partait dans tous les sens, tu te prenais à relancer de l'en-but et à tout jouer à la main. Tu te sentais un sang de cheval et une sève de gamin. Au final, et sans t'en rendre compte, l'addition était salée et tu n'avais pas une seule fois franchi la ligne. Le rugby champagne, ça ne s'improvise pas.*

Rugby professionnel :

[ru-gueu-bille-prô-fesse-io-nail] *expr.m.*

Catastrophe annoncée depuis longtemps par les climatologues.

Syn. : *Malédiction, la fin du monde.*

Ex. : *Le développement du rugby professionnel a échappé à tous les modèles prédictifs.*
Les dégâts sont irrémédiables.
Les bars ferment un à un.

Salviac Pierre

Sarkozy Nicolas

Stade Français

Skrela David

Szarzewski Dimitri

S

Salviac Pierre :

[sale-vi-hac-pi-R'] *n.p.*

Personnage de la mythologie rugbystique incarnant l'étalon casse-couilles.

Syn. : *Le chauve, le souffre douleur, « Dis-lui toi, moi j'peux plus », « Mets RMC, c'est plus possible. »*

Ex. : *Il paraît qu'il y a un type qui aime bien Pierre Salviac.*

Sarkozy Nicolas :
[çaa-r-kô-zi-nî-khô-lâ-) *n.p.*

Copain du coach…

Syn. : *Le petit dans les vestiaires.*

Ex. :
– *T'as raison… On peut même plus transpirer des couilles tranquille…*
– *C'est qui le type à côte de Bernie le Dingue ?*
– *Lequel ?*
– *Le petit en costard…*
– *Sais pas…*
– *Pourtant, sa tête me dit quelque chose…*
– *Moi aussi… Putain.*
– *C'est un mec de la télé !*
– *Un présentateur ?*
– *Peut-être. En tout cas, c'est à la téloche que je l'ai vu…*
– *Un commentateur sportif ?*
– *Non, ça y est… Je sais.*
– *?*
– *C'est un people… Le nouveau mec de Carla Bruni !*
– *Pourquoi c'est lui qu'est là, et pas sa gonzesse ?…*

Stade Français :

[sta-2-fren-ssè] *n.p.*

Club d'avant-garde
et d'arrière-train.

Syn. : *L'Alcazar, le Moulin Rouge, chez Max, « Vas lui dire toi à Roncero que c'est un club de tounes. »*

Ex. : *Le jeune Gilou était super content d'avoir été repéré par les recruteurs du Stade Français. L'idée de soulever un jour le bouclier lui trouait le cul.*

Skrela David :

[ss-craie-là-dâ-vie-2] *n.p.*

Prénom.

Syn. : *Le fils de l'ex.*

Ex. : *C'est dans les gènes, c'est sûr !*
– C'est comme la connerie, c'est dans les gènes…
– Tu parles pour qui ?
– Personne…

Szarzewski Dimitri :

[svâ-reu-zé-ve-çeu-kî-dî-mî-teu-rî] *n.p.*

Robuste talonneur avec une gueule d'ange.

Syn. : *Le blond II.*

Ex. :
– J'te jure… Szarzewski, c'est le fils que Sylvie Vartan a eu avec Vincent Moscato !…
– Nan !
– Si… J'te jure.
– Mais, avant ou après Johnny ?
– Euh… avant.
– Nan !
– Si…
– Ben ça !
– Tu l'as dit… mitri.
– T'es con !…

Talonnage à la main

Thion Jérôme

Tirage de couilles

Traille Damien

Talonnage à la main :

[tâle-haut-na-ja-la-min] *n.c.m.*

Geste très évocateur
de la complexité du rugby
en particulier, et de l'homme
en général.

Syn. : *Faire une tête de la main, tirer la langue avec son pied, voter à droite.*

Ex. : *Le gros Dédé, qui était un fin linguiste, comparait l'incongruité de l'expression « talonnage à la main » avec le fait indéniable que l'homme de rugby, et d'ailleurs, prend son pied avec sa bite.*

Thion Jérôme :
[tille-on-jet-rô-meu] *n.p.*

Ex-volleyeur que le rugby a ramassé dans ses filets.

Syn. : *Gueule d'Amour*

Ex. : *Thion est un joueur pélagique.*

Tirage de couilles :
[tî-râge-2-kou-ylle] *n.comp.m.*

Geste technique nécessitant de bonnes connaissances médicales. Il s'agit d'actionner l'un des plus longs nerfs du corps, qui relie la main aux testicules et qui, quand on exerce une légère traction de haut en bas sur les scrotums du joueur tenant le ballon dans le regroupement, lui fait immédiatement ouvrir les mains et lâcher ladite balle.

Syn. : *Cueillir les fraises, attaquer*

le coffre familial, aller à l'essentiel, jouer aux billes, « Déconne pas, j'en ai plus qu'une ! ».

Ex. :
– *Lâche le ballon !*
– *Ta gueule !*
– *Lâche le ballon, j'te dis !*
– *T'as qu'à me le prendre...*
– *Lâche le ballon, c'est le dernier avertissement !*
– *Va te faire foutre.*
– *J't'aurai prévenu !*
(cri horrible sortant du regroupement)
– *Mais t'es con ou quoi, Dédé ? C'est mes couilles que tu tires !*
– *Oh pardon, René... Désolé !*

Traille Damien :
[trâ-yeu-dâ-mi-1] *n.p.*

Centre des Pyrénées.

Syn. : *La montagne.*

Ex. : « *Traille again !* », *ça veut dire* « *persévère* » *en basque…*

Wilkinson Jonny

Wilkinson Jonny :

[oui-l-qui-ne-sonne-jaune-hi] n.p.

Joueur inventé par les Anglais pour battre les Français en demi-finale des Coupes du monde.

Syn. : *Le drop, « Merde, il est revenu », 10 de der, c'est le pied, le bijou de la reine.*

Ex. :

– *Quand même, ce Wilkinson il a tout !*

– *Comment ça ?*

– *Il est beau gosse, il est célèbre, il est bon, il est riche…*

– *Ouais… Mais il est Anglais !*

– *Ah oui… Remarque, t'as raison… Ça doit pas être facile tous les jours…*

– *Ceci dit, eux ils ont un peu l'habitude…*

– *Qui ?*

– *Les Anglais…*

– *Ouais… Ça aide quand même…*

Zidane Zinedine

Zidane Zinedine :

[zi-d'âne-zi-nez-dine] *n.p.*

Image d'Épinal que l'on sort aux petits rugbymen qui ne font pas bien leurs devoirs.

Syn. : *Coup de boule, Patrick Dewaere, « Rien à branler, moi, d'une Coupe du monde »,* *ta mère à Zi…*

Ex. : *« Zézé… Si tu t'appliques pas plus sur les bagarres générales, tu ne progresseras pas et tu finiras avec des coups de poings d'enfants et un coup de tête à la Zidane qui vont faire rigoler les couilles de tout le monde ! »*

(Le gros Dédé,
professeur des écoles).

Conceptioin graphique : Jacques Hennaux

© Editions Prolongations, 2008
ISBN13 : 978-2-916400-38-9
Dépôt légal : mai 2008

Achevé d'imprimer par STIGE
Turin (Italie)